Wilfried Schley und Michael Schratz

Leadership

Kraft zum neuen Denken

Wilfried Schley und Michael Schratz

LEADERSHIP

Kraft zum neuen Denken

StudienVerlag
Innsbruck
Wien
Bozen

E-Mail: order@studienverlag.at
Internet: www.studienverlag.at

Layout, Satz und Umschlag: Studienverlag/Christine Petschauer

Gedruckt auf umweltfreundlichem, chlor- und säurefrei gebleichtem Papier.

Bibliografische Information Der Deutschen Bibliothek
Die Deutsche Bibliothek verzeichnet diese Publikation in der Deutschen Nationalbibliografie; detaillierte bibliografische Daten sind im Internet über <http://dnb.ddb.de> abrufbar.

ISBN 978-3-7065-4421-4

LEADERSHIP: Kraft zum neuen Denken

Viele Menschen in Verantwortung und an Schlüsselstellen suchen nach Wegen, Aufbruch zu bewirken, Wandel zu gestalten, aus guten Ergebnissen Großartiges hervorzubringen. Initiative und Verantwortung für den Musterwechsel sind gefragt. Der Umgang mit Komplexität, die Lösung von Zielwidersprüchen, die Übernahme von Verantwortung, die Antwort auf systemeigene Emotionalität fordert Kräfte heraus und erfordert neues Denken. Mit Anstrengung, mit einem Mehr an Zeit und intensiveren Arbeiten sind die Lösungen meist nicht zu bewirken. Probleme, Symptome, kritische Ereignisse sind neu zu deuten: Schritte zu einem lösungsorientierten Denken sind gefragt.

Führung in Zeiten des Wandels verlangt Flexibilität im Denken und Handeln. Nach Jahren der Betonung des Management und der entsprechenden Instrumente wendet sich die Diskussion den mentalen Bezügen von Führung zu. Die alten Denkmuster und Erklärungsansätze greifen zu kurz. Die Kraft zur Veränderung wird nicht aus dem Leidensdruck heraus geboren, vielmehr wird die Energie zum Schlüsselfaktor eines entschiedenen und tief greifenden Wandels.

Allmählich wächst die Fähigkeit, vernetzt und in Systemen zu denken. Leadership ist der Fokus dieser Denkbewegungen. Sie bewirkt die Kraft, die das neue Denken kennzeichnet: Einerseits spielerisch und kreativ, andererseits fasziniert und auf mutige Schritte ausgerichtet bewegt sich das Denken in neue Bahnen. Im Möglichkeitsraum kann das Neue antizipierend gedacht und in Visionen erfasst werden.

Wir lernen neu zu lernen. Wir betrachten die Muster unseres Lernens und entwickeln Formen der Ko-Kreation. In professionellen Lerngemeinschaften bildet sich eine kollektive Intelligenz, die aus der Synergie der Perspektiven lebt. Immer wieder vermag das Subjekt Situationen in ihrer Vielschichtigkeit zu erfassen und das in ihnen schlummernde Potenzial zu erschließen. Ein Gespür für Ressourcen und ein intuitives Erfassen des Möglichen treibt die Dynamik voran. Krisen, Konflikte, Spannungen werden unter energetischer Perspektive positiv aufgeladen. Sie sind Formen der Energie. Blockierungen, Lähmungen, Verzagtheiten können in ihrer Geronnenheit erfasst und wieder flüssig werden. Dieser Perspektivenwechsel ist weit reichend.

Wir haben unsere langjährigen Erfahrungen in der Arbeit mit Veränderungsprozessen in Sprüche und Bilder verdichtet. Aus der Zusammenarbeit mit Menschen, aus der Beratung von Systemen, aus der Klärung von Prozessen und der Lösung von Konflikten sind uns die hier vorliegenden Schlüsselgedanken als besonders bedeutsam und bemerkenswert hervorgetreten. Sie machen mit ihren Leadership-Einsichten die Kraft eines neuen Denkens spürbar.

Die Leadership-Einsichten formulieren die Spannung des Musterwechsels, das Verblüffende einer veränderten Perspektive, die Energie der Lösungsorientierung und spiegeln das Denken und Handeln jener Menschen wider, denen wir in unserer Leadership-Arbeit begegnet sind, die uns beschenkt und beflügelt haben. Wilfrieds skizzenartige Entwürfe hat Svenja Thilker mit künstlerischem Feingefühl montiert, sodass analoge und digitale Darstellungsformen zum Weiterdenken anregen. Der Gedanke der *shared leadership* durchzieht das Buch, das geprägt ist durch die Dankbarkeit für die unglaubliche Fülle kreativer Ideen mutiger Menschen, die ihren Beitrag dazu geleistet haben, dass die Welt nicht stehen bleibt. Trotz der Probleme, Konflikte und Krisen – oder vielleicht gerade deswegen.

Das Buch enthält Gedanken, Erkenntnisse und Ermutigungen aus Schulen, Ministerien, Betrieben und Kliniken. Überall dort, wo Menschen sich fragen, wie sie verantwortlich mit Themen umgehen lernen, die sie zumindest partiell überfordern, wo sie Entscheidungen fällen, für die sie mehr Zeit und bessere Daten benötigen, wird ein Abschied nötig, der schwer fällt. Es ist der Abschied vom „richtig-falsch"-Denken und die Hinwendung zu einem iterativen Denken in Prozessen und Schritten. Die Kraft der Intuition, die Inspiration der Mehrperspektivität und die Bereitschaft zum Nutzen riskanter Chancen wirken beflügelnd.

Wir danken unseren Universitäten Zürich und Innsbruck, an denen wir forschen und lehren durften, dem Institut für Organisationsentwicklung und Systemberatung (IOS) in Hamburg, der Leadership Academy des Bundesministeriums in Wien und der Leadership Foundation in Zürich für ihre hervorragenden Projektaufgaben, in denen sich Leadership entfalten konnte. Sie alle und weitere hier nicht genannte Orte bilden den Nährboden für unsere Gedanken. Vor allem verdanken wir die Ausformung der Gedanken den vielen Menschen, denen wir in unserer Entwicklungsarbeit begegnen durften. Nicht zuletzt unseren Frauen, Vera und Barbara, die Leadership im Dance of Change in unseren Beziehungen leben: Leadership braucht Kreativität, Querdenken und Professionalität, Mut zum Erproben von Neuem, Gelassenheit und Zeit zur Reflexion.

Wilfried Schley
(Universität Zürich)

Michael Schratz
(Universität Innsbruck)

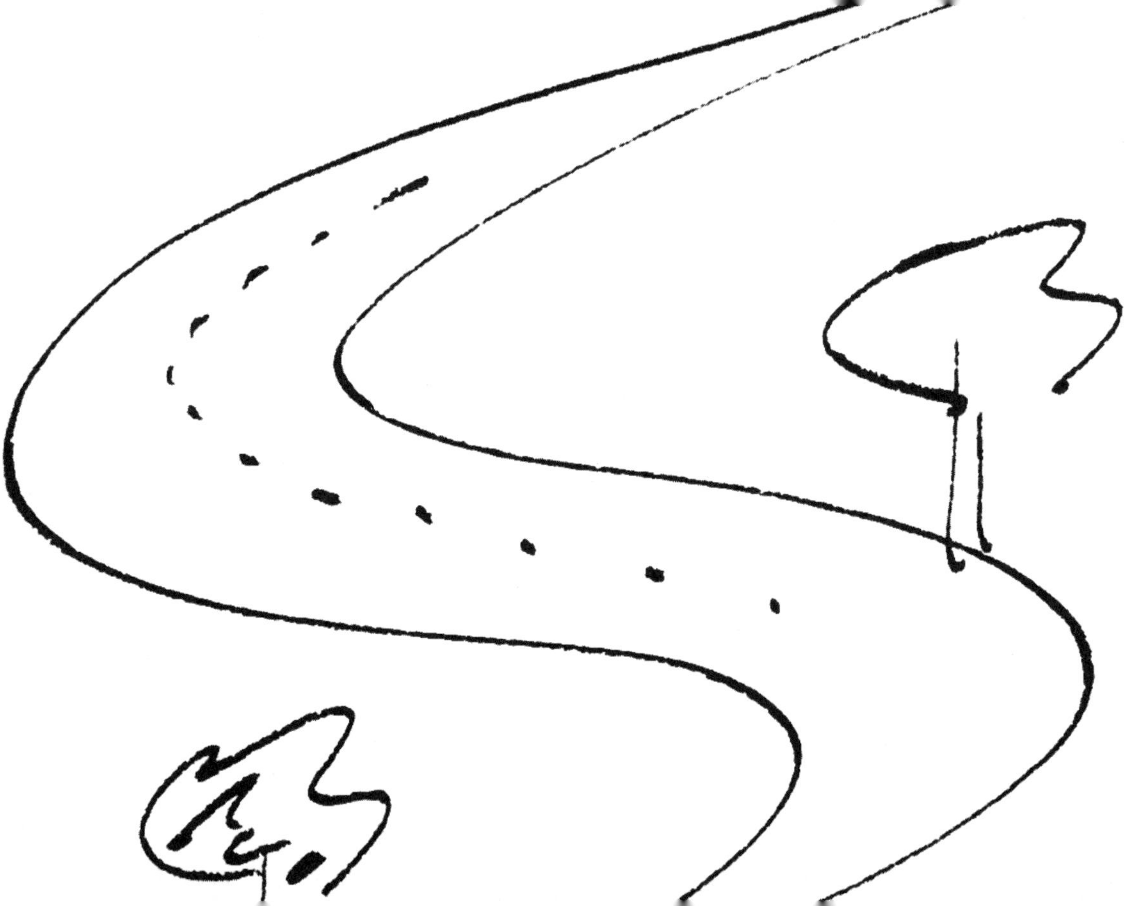

Der ANFANG stellt die Weichen …

Sorgsam und bewusst beginnen … alle,
die wollen, mitnehmen in Achtung und
Wertschätzung für unterschiedliches
Tempo und unterschiedliche Gründungen.

n auch nicht sehen,
es nicht sehen kann,
s nicht sehen kann.

LOSLASSEN können
ist die Voraussetzung zum Wandel.

Letting go & letting come !
Die Affenfalle gründet sich auf den
Wertekonflikt und die Abwägung,
ob denn Freiheit ohne Reis mehr wert
ist als Reis ohne Freiheit. Viele Systeme
sitzen in Affenfallen fest.

- Slow down to speed up

HALTE INNE und besinne dich ...

Veränderung geschieht dort, wo es gelingt zu entschleunigen, sich zu besinnen, die Situation zu erfassen. Es werden wie von selbst Lösungen erscheinen. Wir müssen nur offen für sie sein.

LUST, LEIDENSCHAFT und LERNEN …

Die Trilogie der L:
Das Lernen aus dem Joch der Pflicht, des Drucks, des Diktats von Richtig und Falsch befreien. Lernen als Lust an der Aktivität begreifen, als Vorfreude auf das Leben und sich selbst. Dann kann Leidenschaft wachsen und Freude.

ZiEL

INS BEGINNEN VERLIEBT SEIN … heißt, der Spannung und dem Zauber des Anfangs unterliegen.

Die Beginner sind oft nicht die Fortführer.
Und Vollender mögen wiederum noch
andere sein. Aber ohne ihren Anfang
wäre das Schöpferische ausgeblieben.
Wie schade …

Die Kraft
der Welle
vervielfachen

RESONANZ
ist die Grundlage allen Lebens.

Resonanz kann gespürt werden, sie
wird verstärkt, wenn wir sie wahrnehmen.
Spürbare Kommunikation basiert auf
Schwingungsfähigkeit.
Inspirierende Führung gründet sich auf
wertschätzende Resonanz.

SELBSTKLÄRUNG

>> KOMMUNIKATIONSKLÄRUNG

>> SYSTEMKLÄRUNG

Der Dreischritt macht den Erfolg aus:
Beginne beim Dialog mit dir, schreite fort
zum Dialog mit deinem Gegenüber
und münde im Dialog mit dem System
als Ganzes.

Ja
und...
?

KONTAKT vor Inhalt . . . !

Alle Sendungen haben Adressaten.
Erst wenn diese auf Empfang sind,
kann die Kommunikation gelingen.

LEICHTER WERDEN für schwere Aufgaben und den DANCE OF CHANGE tanzen.

Die Anforderungen an Führung steigen. Der erlebte Druck nimmt zu. Die Kunst besteht darin, Druck in Motivation zu verwandeln. Die systemische Beweglichkeit zeigt sich in der Eleganz der Lösungen. Wenn wir Chancen erkennen und Perspektiven wechseln, erkennen wir den Reichtum der Möglichkeiten.

PARADOXIE DER VERÄNDERUNG und die Kunst der LÖSUNGSORIENTIERTEN BOTSCHAFT …

Alle Veränderung unterliegt dem Gesetz der Ambivalenz. Eine konstruktive Zumutung stärkt meinen Mut, eine produktive Unzufriedenheit bewegt mich nach vorn und eine zarte Zuneigung macht mich auch zugeneigt.

ENERGIE
& DYNAMIK ...

Es ist in der Regel nicht die Zeit, die uns
fehlt, obwohl wir es oft beklagen.
Es ist vielmehr ein Mangel an Energie,
der ein Vorankommen blockiert und
den FLOW verhindert.

Werde LEITER deines Inneren Teams.

Akzeptiere deine inneren Spieler, baue sie in dein Team ein gemäß ihren Stärken und Schwächen und zeige dich in deiner Vielfalt. So kannst du dich und andere überraschen.

INTROSPEKTIVES WAHRNEHMEN bedeutet ein Erfassen der Situation über die Wahrnehmung und nicht über den Filter der Interpretation.

Die Wahrnehmung folgt
den Vorstellungen, denn „was
dem Herzen widerstrebt,
lässt der Verstand nicht ein“.

LASSE LOS …
Denn weniger ist mehr!

Weniger Anstrengung, weniger Kontrolle,
weniger Regeln, weniger Befürchtungen,
weniger Steuerung …
Schaffe gute Bedingungen, unter denen
Lernen möglich wird, als Spannung und
Entdeckung.

ich fühle mich...

Von der STÖHNENDEN zur ATMENDEN Organisation

Eine Organisation als Organismus (Pechtl) verstehen, heißt, in einen Rhythmus zu kommen, Pausen zu machen und Energie aufzunehmen in den Aktivitäten. Das ist der Nährboden für Lustleister.

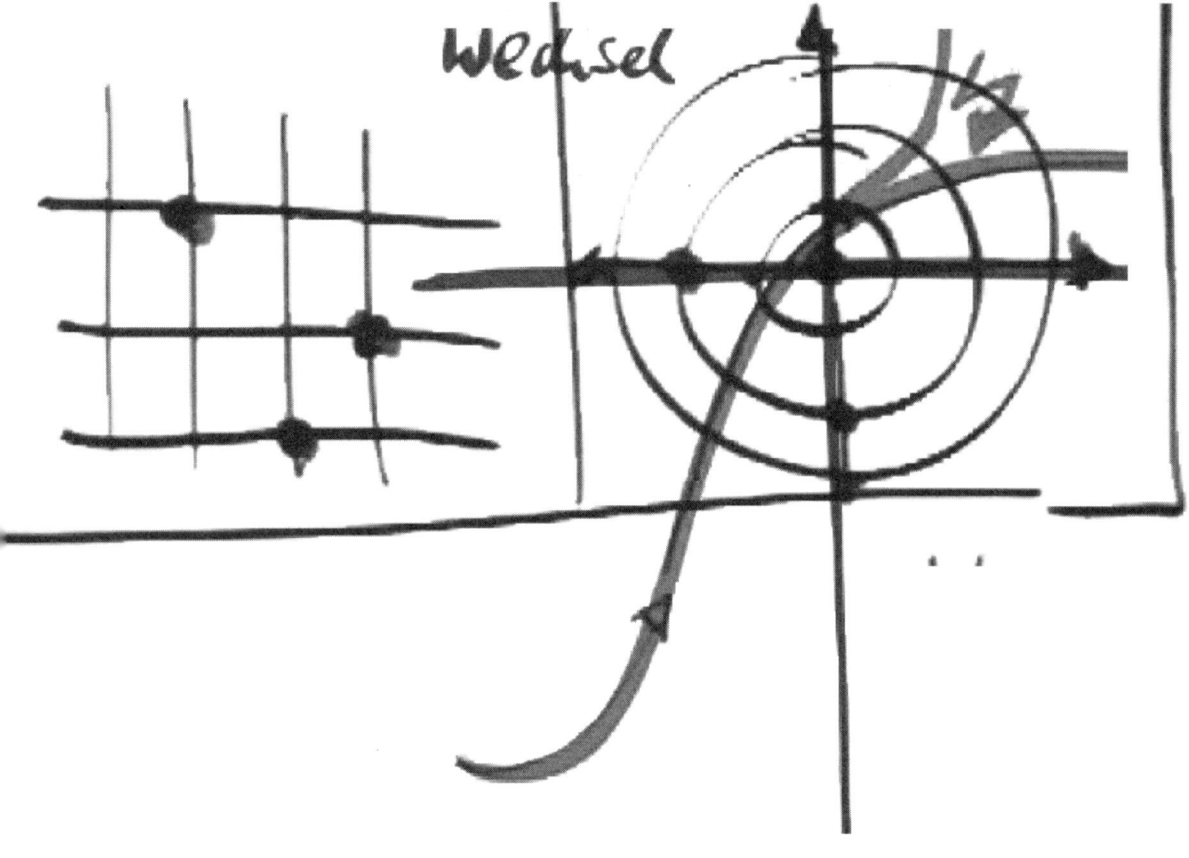
Wechsel

BEST PRACTICE ist nicht genug …
Es geht um die NEXT PRACTICE und um den kreativen Musterwechsel.

Leader müssen bereit sein,
als Störer wahrgenommen zu werden.
Kreative Störungen lösen Irritationen aus.
Leadership stellt sich der systemeigenen
Emotionalität und wandelt Angst in
Spannung um.

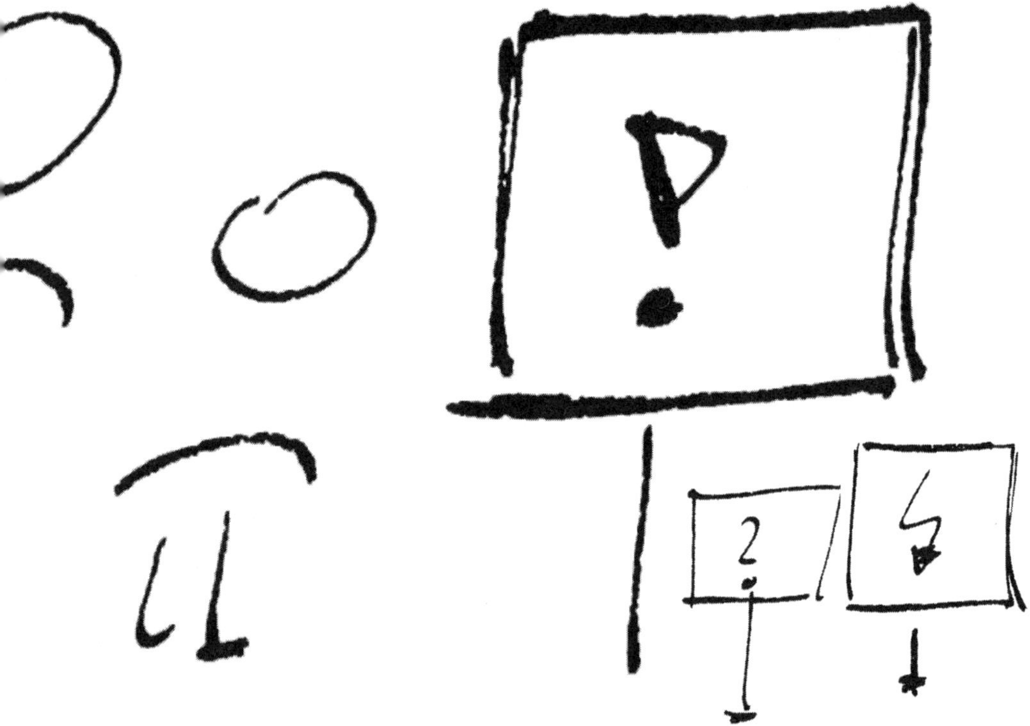

Die Lösungsversuche im PROBLEMRAUM führen NICHT zur Lösung.

„Es werde Licht - und es ward Licht“.
Das Schlüsselthema
der Schöpfungsgeschichte enthält die
ganze Botschaft. Wenn ich den
Problemraum nicht verlasse, wird
jede Lösung scheitern.

FEEDBACK …
Ich bin was von mir ausgeht und kenne mich erst, wenn ich deine Resonanz erfahre.

„It takes two to see one …“
Wir lernen „fremde Blicke“ zuzulassen
und uns zu öffnen für das, was unserem
Gegenüber an uns auffällt. Neugierig
wie Kinder die Beschreibung der anderen
über mich als Teil von mir annehmen.
Dann fällt jede Angst vor Bewertung ab.

WERTSCHÄTZUNG schafft Wertschöpfung.

Würdigung von Beiträgen, Beachtung von Initiativen, Ernstnehmen von Vorstellungen schaffen einen Boden, auf dem Vorhaben wachsen und Innovationen gedeihen. Werte schöpfen aus mentalen Ressourcen.

Starke Lernumgebungen FÖRDERN UND FORDERN.

Ich stimuliere Lernprozesse dann, wenn ich selbst als Modell für Lernen und Fehlertoleranz glaubwürdig wahrgenommen werde und als Gastgeber für Lernanlässe auftrete.

ACHTSAMKEIT ... AKZEPTANZ ... AKTIVITÄT

Die Achtsamkeit geht behutsam mit den
Menschen und ihren Eigenheiten um,
die Akzeptanz drückt unbedingte
Wertschätzung aus, und die Aktivität ist
das Ergebnis achtsamer Akzeptanz.

Von der UNBEWUSSTEN Inkompetenz zur BEWUSSTEN Inkompetenz

Entwicklung hat mit Bewusstwerdung zu tun, die oft an Kränkungen gebunden ist. Ich weiß, was ich nicht sehe. Der größte Lernschritt ist der Bewusstseinsschritt und die Überwindung der Kränkung.

PARADOXIE DER VERÄNDERUNG …

Jedes vermeintliche Problem kann als Lösung gelesen werden und verdient Anerkennung. Das Annehmen des Gewordenen ist Voraussetzung für den Wandel. Eine sanfte Umdeutung wirkt oft Wunder.

HARMONIE & KAMPF
sind Geschwistertugenden.

Eine Änderungen des Vorzeichens
genügt nicht. Die Negation des
Negativen führt nicht zu positiven
Lösungen. Wir müssen schon
den Lösungsraum erweitern.

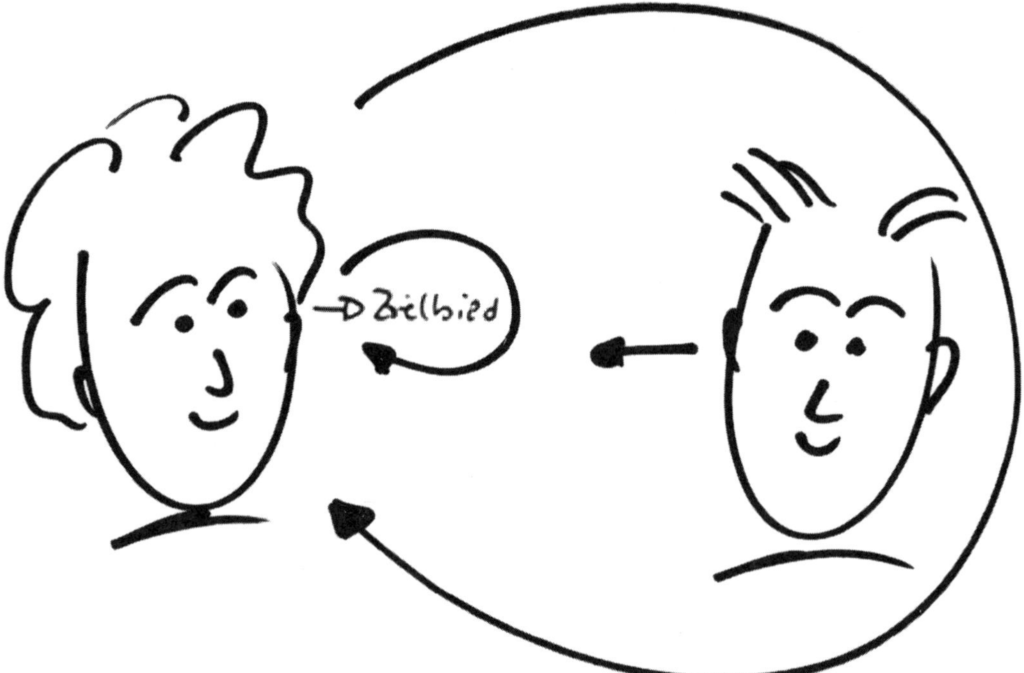
Zielbild

META-KOGNITIV IM DOUBLE-LOOP …

Wir erkunden und plädieren, entwerfen und bewerten, handeln und kreieren. So entsteht ein Bild der Welt und eine Vorstellung unserer Selbstwirksamkeit.

KRISEN
als natürliche Stadien zur Entfaltung des Selbst ...

Jedes System durchläuft Phasen der Stabilität und der Instabilität. Im Wechsel von Progression und Regression vollzieht sich der Reifeprozess. Im Feuer der Aggression und in der Asche der Resignation bildet sich der Boden für neues Wachstum.

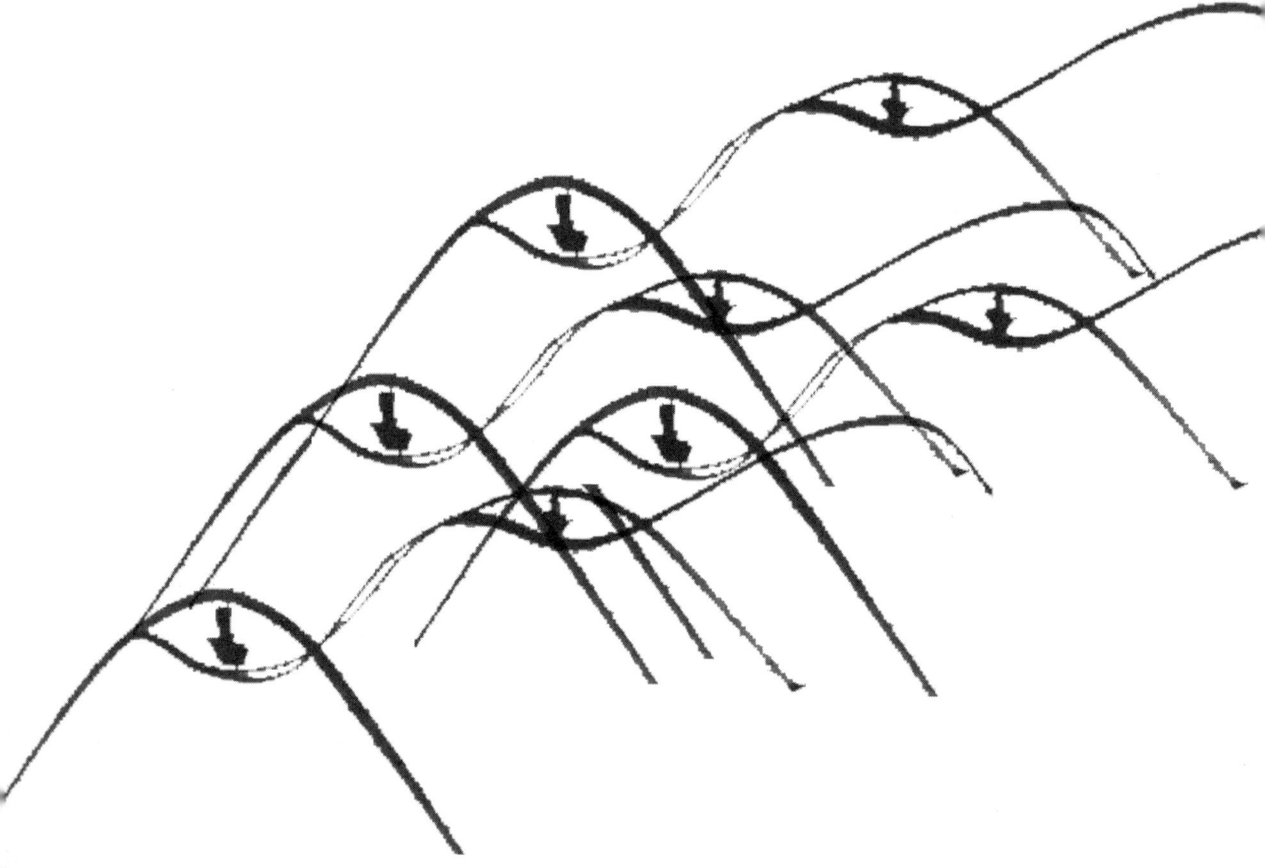

Der „pseudo-erleuchtete Karpfen“ (PEK) KANN ZUM DELPHIN WERDEN.

Ein Delphin genießt die Wellen, die Strömung und auch die Brandung. Er kennt keine Klage über zu stürmische Verhältnisse. Der PEK hält sich beim Klagen auf und findet die Lösung in seiner Vorstellung von idealen Verhältnissen.

EVERYBODY'S DARLING …
… is everybody's fool.

Die Falle der Harmonie führt zum
Gefallenwollen. In guter Symmetrie
voller Sehnsucht sich in den Gedanken
des anderen wieder zu finden heißt,
dem eigenen Denken, Fühlen und Wollen
nicht zu trauen. Genau …

ATMOSPHÄRISCH
KOMMUNIKATIV

Gefühle sind nicht im Bauch und nicht im
Kopf und nicht in den Fingerspitzen.
Sie sind räumlich als Atmosphären präsent
und es liegt an uns sie wahrzunehmen.

KREATIVITÄT.
Das menschliche Gehirn organisiert sich selbst …

… es balanciert zwischen
Ordnung und Durcheinander – und
schafft dabei ständig Neues.
Stimulierende Situationen lösen intensive
Prozesse der Selbstorganisation aus.

RESONANZ, SCHWUNG, RHYTHMUS

Alles Leben ist Resonanz.
Atemrhythmus, Herzschlag, Blick,
Stimme … „per-sonare“ … Es tönt
durch uns hindurch und macht uns zur
Person, die schwingt im Klang der
Resonanzen und lebt.

MACHTBILDUNG ist keine Frage des Status oder der Position.

Wirksamer und leichter werden im „Dance of Change" gelingt durch Kommunikation, durch Vernetzung, durch den „limbischen Tango" und das Ballett der Augenbrauen. „Blink"

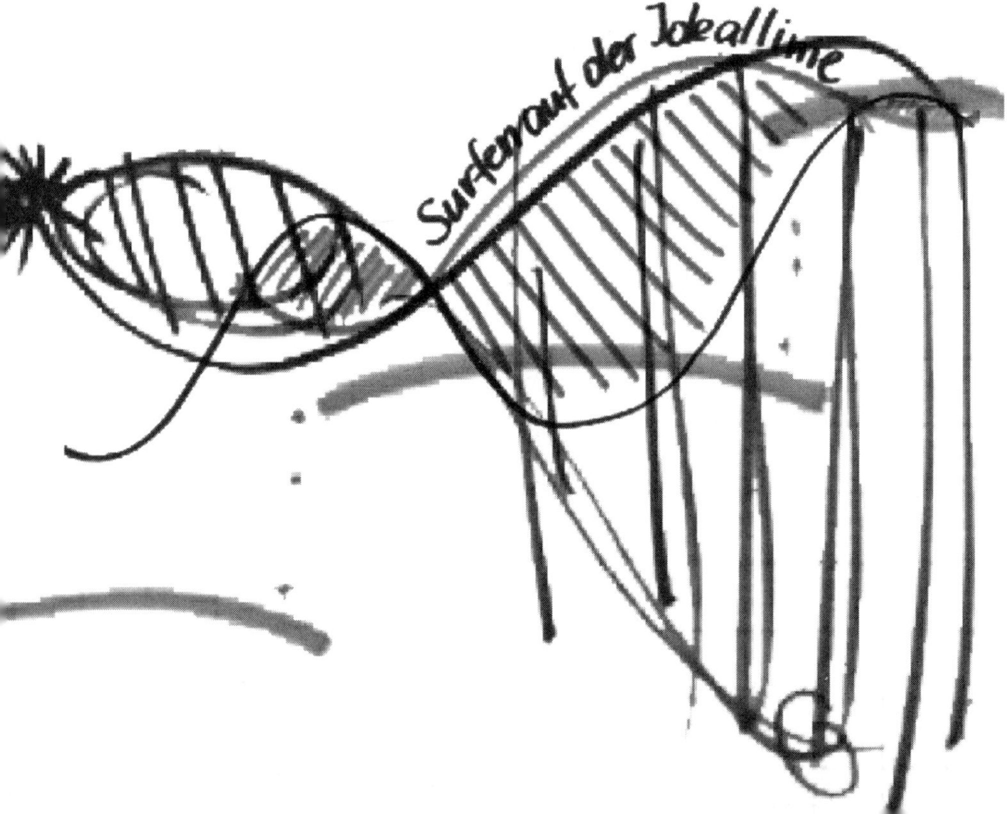
Surfen auf der Ideallinie

EINTAUCHEN und auftauchen.

Erkenntnis beginnt mit dem Schreck.
Etwas sicher Geglaubtes geht nicht mehr.
Das vertraute Spiel ist aus. Jetzt beginnt
ein Wechselspiel aus Regression und
Emanzipation. Nur wer zum Eintauchen
bereit ist, kann auch auftauchen.

KO-EVOLUTION kompetitiv und kooperativ …

… heißt, gemeinsam über uns hinaus
wachsen im wechselseitigen Inspirieren,
Anstoßen, Hinweisen, Aufgreifen und
Tun. Wir wachsen gemeinsam und wir
wachsen in Gefährtenschaft. Einer trägt
zum Wachsen des anderen bei
im Wettstreit der Kräfte.

ZIEL

STARKE LERNUMGEBUNGEN fördern das Lernen.

„Leadership for Learning“ beruht darauf,
die Lernumgebungen zu schaffen, die
ein eigenverantwortliches, aktives Lernen
der Subjekte möglich machen.

HIER-UND-JETZT PRINZIP der Authentizität

Glaubwürdigkeit durch Unmittelbarkeit und Verbindung zur Wahrheit der Situation. Die höchste Autorität hat eine Aussage, wenn sie im eigenen Namen benennt, was sich gerade ereignet, authentisch und direkt.

VERTRAUEN FÜHRT ZU VERTRAUEN …
Vertrauen führt …

Das hat es mit dem Glück gemeinsam
– es vermehrt sich, wenn es geteilt wird.

„DU BIST SCHÖN“

Die Zuschreibung des Lächelns führt zum Lächeln. Das Erkennen einer Kreativität macht bereits kreativ. Es aktiviert unsere Ressourcen, wenn andere sie erkennen.

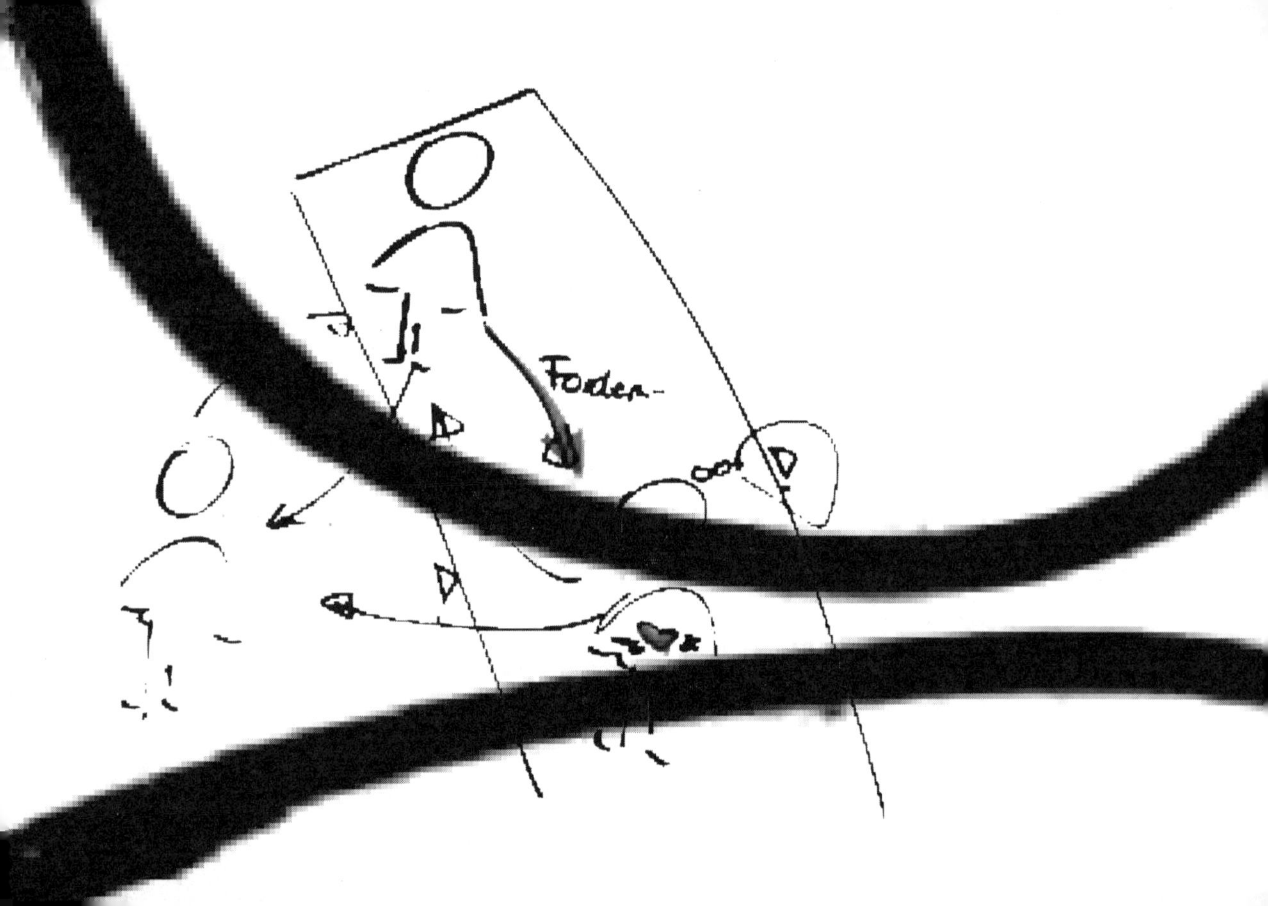
Fordern

DER GROSSE DREISPRUNG

Oft springen wir zu kurz, versuchen Kommunikationsklärung ohne Selbstklärung, bleiben stecken und es findet auch keine Systemklärung statt. Beginnen wir also bei uns und gehen wir dann aufs Ganze.

LOB DER UNGEWISSHEIT UND DES ZWEIFELS …

… statt auf minimaler Datenbasis mit maximaler Sicherheit zu Behauptungen zu gelangen, die unhaltbar sind und dennoch nicht aufgegeben werden. Da ist es doch besser das Ungewisse zu loben und den Zweifel.

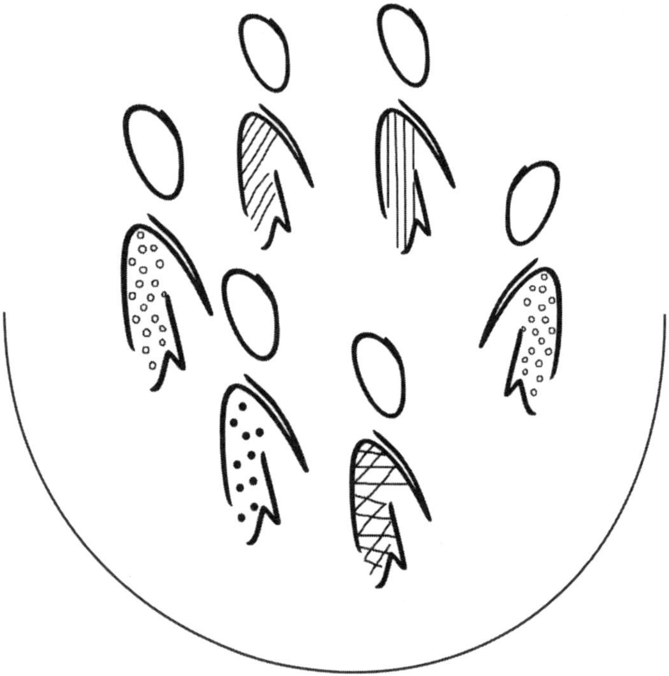

LEADERSHIP ist ein Tanz aus FÜHREN UND GEFÜHRT WERDEN.

Es ist Ko-agieren ohne Reaktionszeit, ist Handeln im FLOW und wirkt als gemeinsames Erleben.

ZiEL

VITAMIN E

Energie wird zur wichtigsten Ressource. Wer in der Lage ist, anderer Ressourcen zu aktivieren, hat eine natürliche Führungsautorität inne. Ihm und ihr wird gefolgt. Systemdenker in Aktion haben diese Energie.

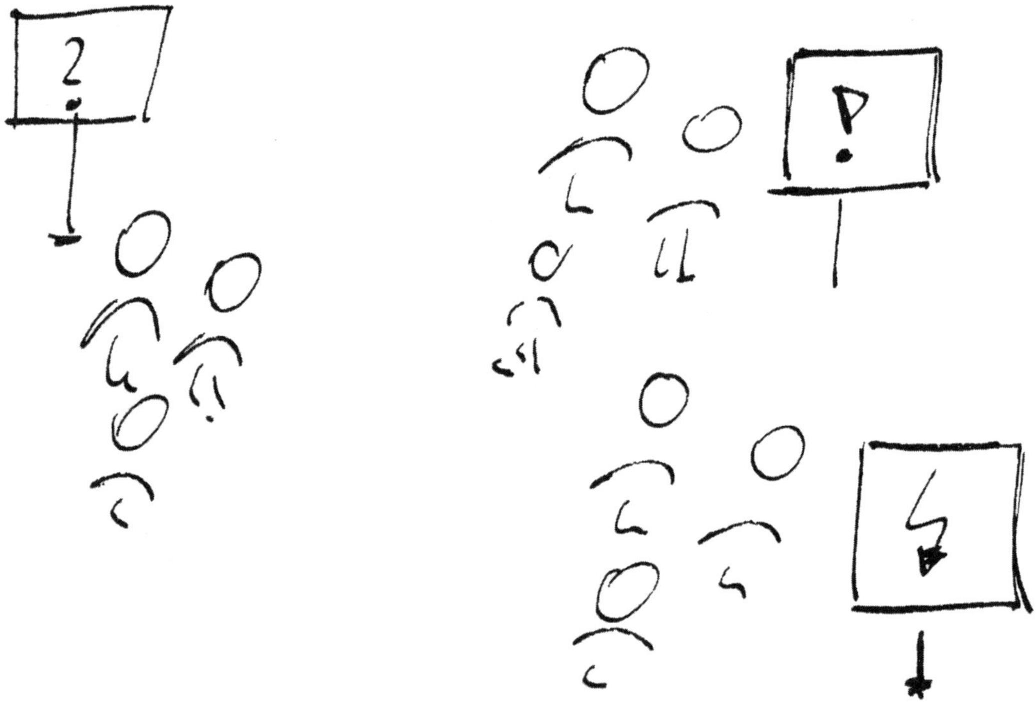

EINDRÜCKE AUSDRÜCKEN …

… und die Ausdrücke zu Eindrücken machen, die dann zurück wirken. Das ist das Faszinierende der dialogischen Methode, die Unsichtbares zugleich sichtbar macht.

Warum
?

WENN ETWAS NICHT GELINGT, können wir doch froh sein ... oder?

Wir danken nur selten für die Chance des Lernens und die Aufforderung zur Bescheidenheit, die in einem Scheitern liegt. Seien wir zumindest offen für die Ahnung, dass es die Kraft der Evolution ist, die immer wieder etwas scheitern lässt.

PROBLEMRAUM …

>> RESONANZRAUM …

>> LÖSUNGSRAUM …

Im Problemraum
findest du keine Lösungen.
Dort findest du nur Probleme.
Erst wenn du den Resonanzraum
durchschreitest, erreichst du
den Lösungsraum.

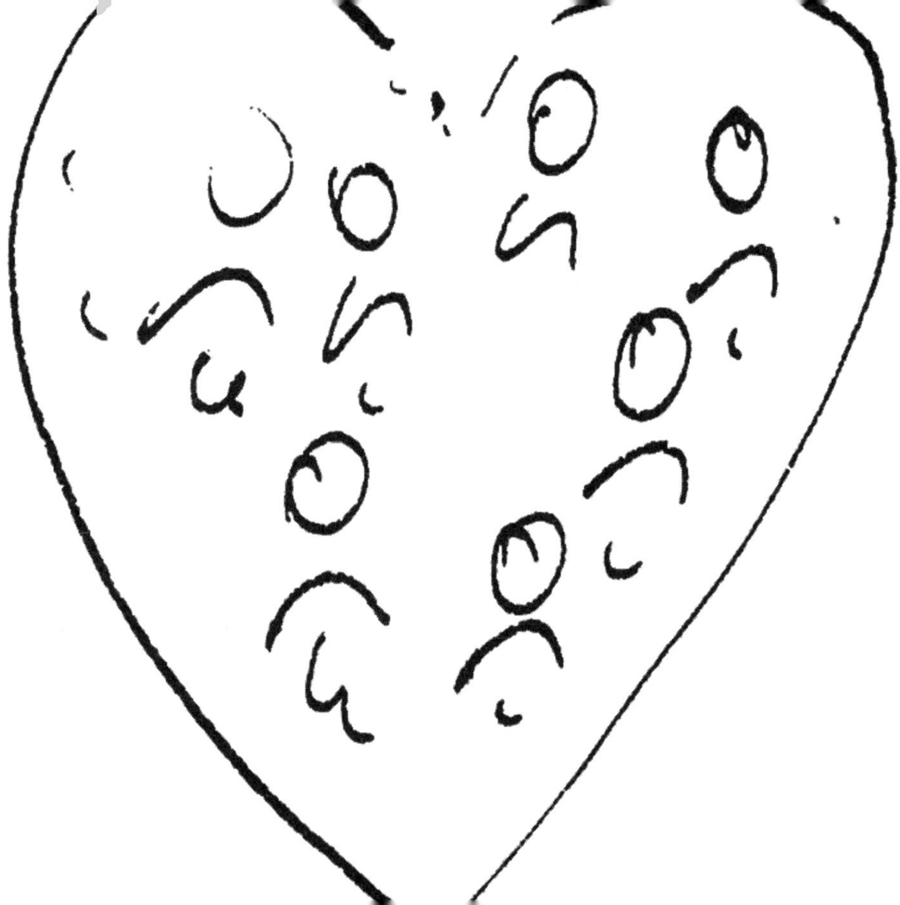

Am Anfang bereits AUFS GANZE GEHEN …

… und das Ziel verinnerlichen, als ob es
gegenwärtig bereits gegeben sei …
So wird das Ziel zum Attraktor …

Ja
und...

Der Abschied vom ENTWEDER-ODER-DENKEN fällt schwer …

Wer das Seil des Tauziehens zu einer Schlaufe verknüpft, hat den Beginn vom „Ja und …!" und die Chance zur kollektiven Intelligenz verstanden. Polarisiertes Denken erfasst keine dynamische Komplexität.

SUBJEKTIVITÄT DER AUSSAGE führt zu Botschaften höchster Autorität …

Es sind Sätze, die nur einer in seinem Namen sagen kann. Solche Sätze sind mutig. Sie beginnen mit dem einfachen Wort „Ich“.

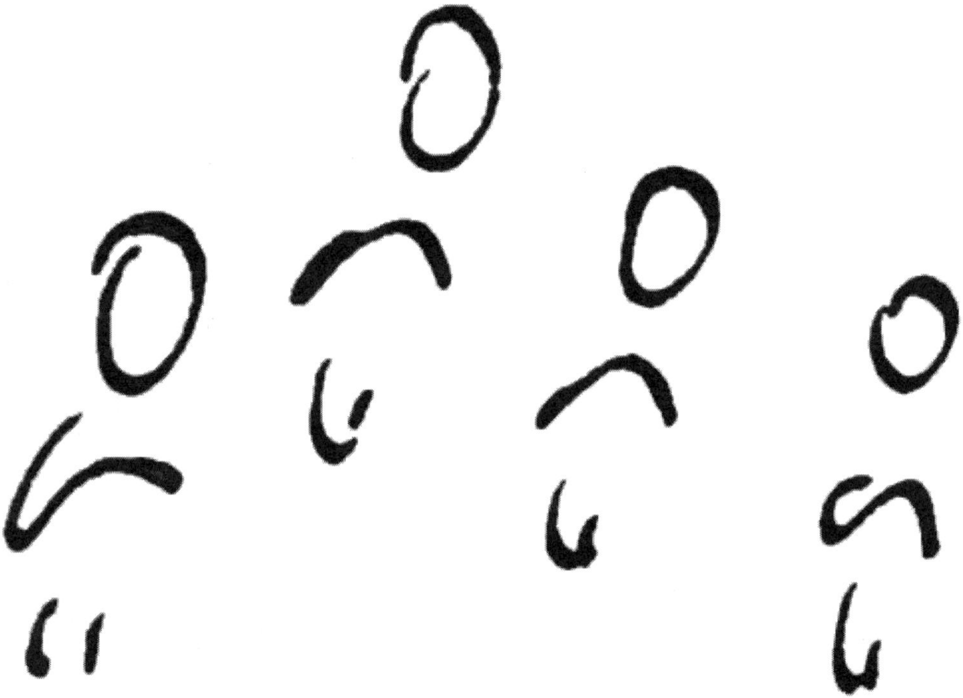

TRANSFORMATIONEN LEBEN bedeutet Veränderung antizipieren.

Was gestern Fortschritt war, kann heute
Regression sein. Die Bedingungen des
Lebens und der Welt wandeln sich und
wir haben die Chance der Antizipation als
gedankliches Vorweggehen.
Dann sagt es sich leichter ja zu dem was
als Veränderung kommt.

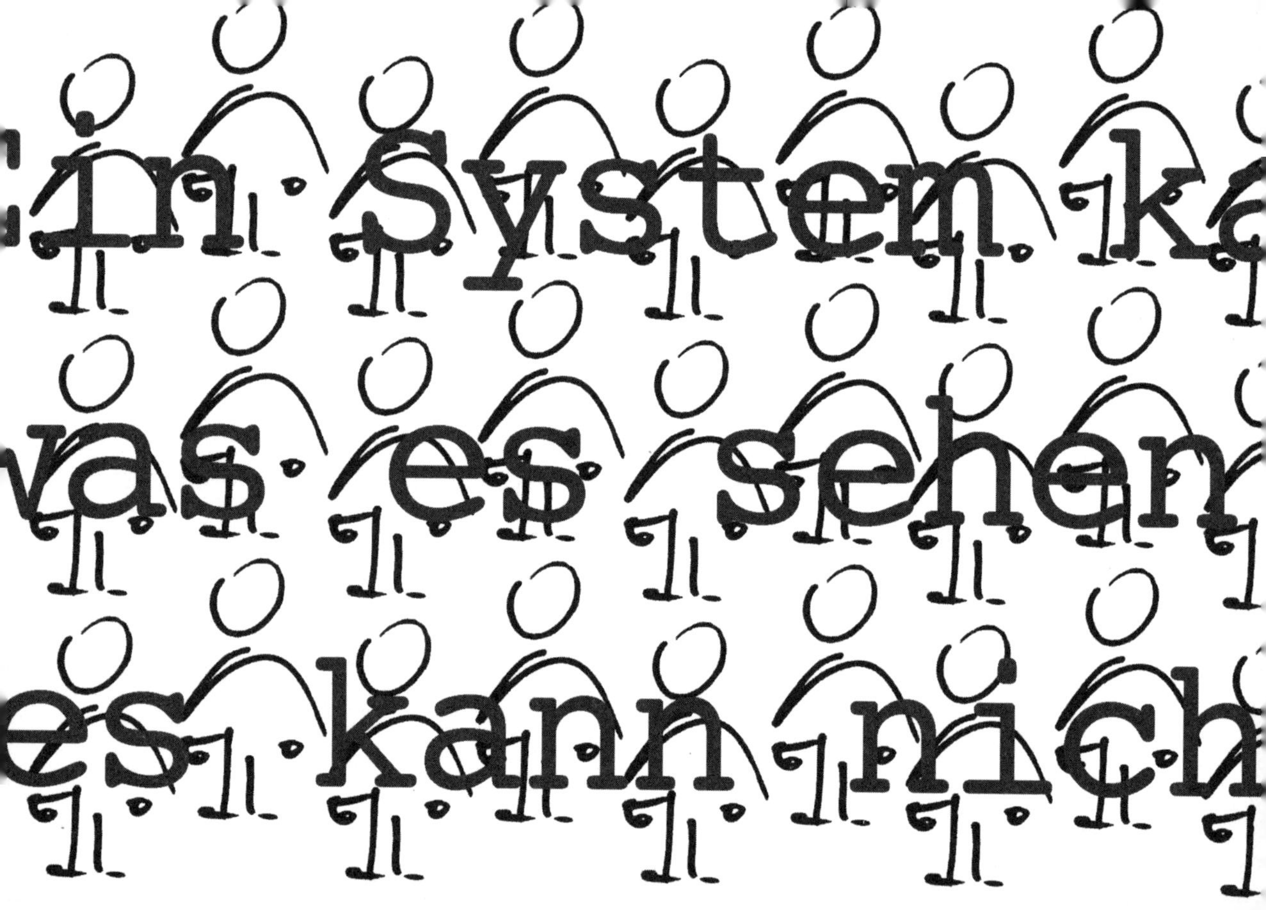
in System ka
vas es sehen
es kann nich

SICHTBARMACHEN des Unsichtbaren

Zwischenmenschliches ist unsichtbar und dennoch existent, es ist fühlbar, erfahrbar und evident. Die Intuition erlaubt ein schnelleres Erfassen des eigenleiblich spürbaren, ein Prozess mit dem Risiko des Aussprechens und Sichtbarmachens.

NUR WER SICH TRAUT ZU VERTRAUEN, der mutet anderen etwas zu, das ihr Selbstvertrauen stärkt.

Leistung ist das Resultat aus einer Zuschreibung mit positiver Ladung, die wahrgenommen wird und sich verstärkt – und damit letztlich sich erfüllt. Damit wird evident, was von Anfang an als Potenzial gesehen wurde.

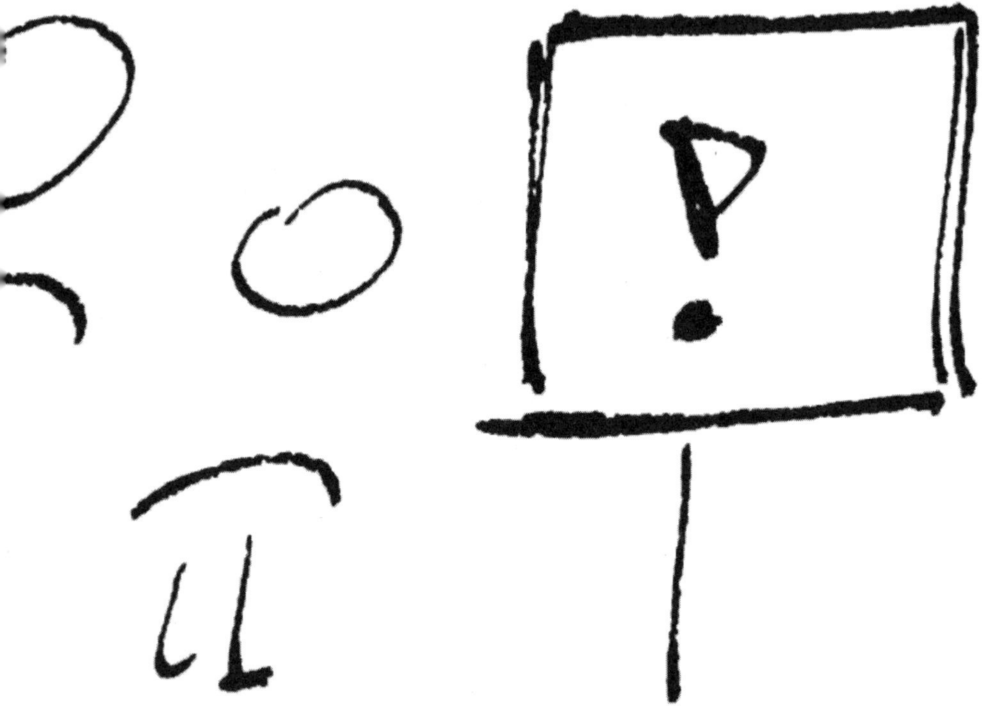

NICHTS …

… ist so individuell wie das Lernen.
Jeder lernt auf eigene Weise.
Aktiv, aus sich heraus. Einmalig
und unverwechselbar …

DANKE

Unsere Botschaften wären nicht denkbar ohne geistige VorreiterInnen und WegbegleiterInnen. Wir danken ihnen und nennen stellvertretend Gregory Bateson, Martin Buber, Ruth Cohn, Heinz von Förster, Daniel Goleman, Niklas Luhmann, Karl Popper, Fritz Riemann, C. Otto Scharmer, Hermann Schmitz, Friedemann Schulz von Thun, Peter Senge, Reinhard Sprenger, Paul Watzlawick.